PASSES CROISEES
entre rugby et entreprise

Imprimé en france

Pierre-Jean DELABARE, Vincent LAFON, Xavier TASSIN
et Pierre VILLEPREUX

ILLUSTRATIONS DE BLACHON

PASSES CROISEES
entre rugby et entreprise

– Vive la solidarité et l'enthousiasme ! –

Préface de Bernard LAPASSET – Président de la Fédération Française de Rugby

LPM

LES PRESSES DU MANAGEMENT
103, boulevard Murat — 75016 PARIS

LES MEMBRES DE L'EQUIPE

Roger BLACHON, Drômois de 54 ans, après avoir été Professeur de dessin est actuellement déssinateur à Okapi et à l'Equipe Magazine dont il réalise la fameuse troisième de couverture. Ancien joueur du PUC, il en est, aujourd'hui, le Vice-Président.

Pierre-Jean DELABARE , Béarnais, ESC Bordeaux et HEC, a fait toute sa carrière au sein du Groupe BASF. Ancien joueur d'équipes estudiantines (BEC de Bordeaux, ESC Bordeaux et HEC), il fut un fidèle sponsor du Comité du Béarn. C'est à lui que reviennent l'idée de ce livre et la composition de cette équipe. Il est décédé en avril 1995 alors qu'il occupait les fonctions de Président du Directoire de BASF France.

Vincent LAFON, Quercynois de 37 ans, ESLSCA, MBA INSEAD et Ecole de rugby de la Section Paloise, est un passionné de stratégie. Créateur d'entreprise, il est directeur-conseil au Groupe IGS — Paris — et professeur au Groupe Sup de Co Bordeaux. Il est chargé de cours à l'EIAM — Fort de France — et à l'Institut d'Etudes Politiques de Paris.

Xavier TASSIN, Parisien de 42 ans, IEP — Aix-en-Provence —, IFP — Paris — et IHEDREA — Paris — est un spécialiste de communication et de relations publiques. Il est Directeur de la Communication du Groupe BASF en France et de BASF France.

Pierre VILLEPREUX, Corrézien de 51 ans, Agrégé d'Education Physique et Sportive, compte 37 sélections en Equipe de France de rugby (1966-72). Ancien joueur de Brive (1961-65) et de Toulouse (1965-74), conseiller technique de rugby à Tahiti (1974-77) et en Italie (1978-81), il fût entrâineur de l'équipe de Toulouse — Champion de France en 85, 86 et 89 —. Il est actuellement Professeur à l'Université de Limoges et consultant international en rugby.

Pour l'Association CHRYSALIDE

Les auteurs ont décidé de verser une partie de leurs droits à l'Association CHRYSALIDE pour l'enfance inadaptée. Créée et présidée par Patrice LAGISQUET — ancien international de Rugby (1983-91) et actuel co-entraîneur de l'équipe du Biarritz Olympique —, ses coordonnées sont :

Association CHRYSALIDE
31, rue Pannecau 64100 Bayonne Tél. : 59.59.21.96

Ces droits seront versés directement par l'éditeur à l'association.

« En rugby, le plaisir que tu prends ce sont les autres qui te le donnent. »

BLACHON

« A mes amis Gérard MENJUCQ et Jean PIQUE qui m'ont fait connaître et aimer le rugby. Aux femmes et aux hommes de mon entreprise. Aux maillots portés et au Comité du Béarn. »

Pierre-Jean DELABARE

« A mes étudiants dans l'espoir qu'ils aient l'envie furieuse de créer leur propre emploi et d'en créer pour les autres. Et à tous ceux qui sur un terrain de rugby furent mes coéquipiers ou adversaires, avec fraternité. »

Vincent LAFON

« Rugby et passion sont indissociables. Que l'amour du jeu, un bel esprit de compétition et l'attachement au maillot inspirent les femmes et les hommes de l'entreprise !

Xavier TASSIN

« Quand une équipe joue en mouvement, le jeu de l'équipe adverse paraît bien rudimentaire. »

Pierre VILLEPREUX

A Pierre-Jean DELABARE
qui a tenu sa place dans l'équipe
jusqu'à la dernière seconde du match.
Avec un souvenir ému.

Roger BLACHON, Vincent LAFON,
Xavier TASSIN et Pierre VILLEPREUX

PRÉFACE

Des valeurs communes

Quatre auteurs plus un dessinateur : voilà déjà un beau quinté pour aborder en quinze chapitres – ce chiffre s'imposait – le rugby et l'entreprise.

Il y a dans ce livre, les valeurs communes qui régissent notre sport et l'entreprise. Le sous-titre de l'ouvrage « Vive la solidarité et l'enthousiasme », est à cet égard explicite.

Les auteurs, dans un style aussi concis que précis, ont en quelque sorte descendu une rivière – pas tout à fait un long fleuve tranquille... – stoppant sur chaque rive (rugby et entreprise), non pas au gré de leurs humeurs mais en dégageant les principes majeurs et l'état d'esprit de leur double passion.

Dans ce sens, ce livre est déjà remarquable. Il l'est encore davantage pour ceux, les sportifs de haut niveau que sont les rugbymen, qui après le sport actif, doivent ou devront se pencher sur leur avenir professionnel.

La « leçon » est plus qu'à méditer. Elle est tout simplement à appliquer.

Comme on marque des essais grâce à un travail

d'équipe, Pierre-Jean DELABARE, Vincent LAFON, Xavier TASSIN et Pierre VILLEPREUX plus l'appui de BLACHON, ont « transformé » leurs idées, noir sur blanc.

Je ne peux que les féliciter. Et encourager le lecteur à lire, avec toute l'attention qu'elles méritent, les lignes qui suivent.

Bernard LAPASSET
Président de la Fédération Française de Rugby

– CHAPITRE PREMIER –

La solidarité et l'enthousiasme au commencement de tout

Quand un joueur de l'Equipe de France dépose le ballon derrière les poteaux adverses, il effectue le dernier geste d'une formidable comédie humaine dans laquelle le gardien du stade du village, le soigneur qui ressuscite le talonneur de l'équipe de division honneur avec l'éponge miracle comme la maman qui fait les sandwiches de l'équipe du lycée jouent un rôle important.

En rugby la solidarité et l'enthousiasme sont des préalables au jeu.

Dans l'entreprise, il ne suffit pas pour lancer un produit d'investir des centaines de millions de francs en recherche, en outil de production, en études de marchés et en communication, il ne suffit pas de faire travailler ensemble des ingénieurs, des cadres, des employés et des ouvriers, des nationaux et des collègues étrangers, c'est la chaleur de l'accueil par la standardiste des appels des clients et l'entente entre le technicien et le commercial dans la préparation du rendez-vous avec l'acheteur qui décideront de la réussite de toute l'opération.

Pour l'entreprise, la solidarité et l'enthousiasme sont des préalables au chiffre d'affaires.

Toute aventure est collective et se nourrit du temps qui passe. Avant de viser un objectif de production de jeu ou d'affaires, un club de rugby ou une entreprise existe par une histoire, une culture et par les émotions partagées par ses actuels ou anciens serviteurs. C'est dans la fierté d'un passé que l'on trouve la force de s'adapter aux nouvelles conditions de la compétition, et dans l'intransigeante volonté de faire mieux avec des objectifs de plaisir, de résultat et d'éthique que cette force s'épanouit.

Or, à l'approche d'un nouveau millénaire, à la fin d'un siècle turbulent, les pressions sont fortes pour que notre société s'adonne au sacrifice des valeurs. Les médias sont toujours davantage obsédés par le drame et l'éphémère, l'argent gagne en arrogance et cherche à s'imposer comme système de valeur à lui seul. Les individus doutent.

Le sport et l'économie ne sont pas à l'abri des maladies sociales de notre temps car ce sont des activités humaines avec leur cortège de rires et de pleurs, de coups de chance et d'erreurs ; les ambitions les plus nobles n'excluent pas les tentations les plus viles. Faut-il pour autant ne concevoir l'avenir qu'à travers les menaces ? Il y a toujours un ciel au dessus des nuages.

Au delà des inquiétudes qui la traversent, notre époque est prête à l'enthousiasme et à la générosité ; jamais l'on n'a créé autant d'entreprises, les associations à objet culturel ou sportif sont toujours plus nombreuses, les frontières entre peuples s'abaissent pour promouvoir la démocratie et favoriser le retour de la prospérité. Et toutes les solidarités qui naissent ici ou là au profit de ceux qui souffrent confirment l'existence de cette énergie positive.

Si dans ce mouvement le monde du rugby n'est pas exempt d'ambitions malsaines, elles sont plus rares que dans d'autres domaines ; s'il n'a pas le monopole de la fraîcheur d'esprit c'est lui qui sait le mieux l'identifier. Et il résiste mieux que de nombreux sports aux tentations mercantiles excessives. Oui, le rugby reste un sport sain et porteur de belles valeurs.

Sur un terrain, un joueur n'est rien sans ses coéquipiers et une équipe n'est rien sans le talent de chaque individu. Un président-directeur général ou un employé ne peut rien sans la collaboration de tous ses collègues. La compétition sportive ou économique ne se résume donc jamais au seul affrontement, elle se situe aussi dans une sorte de logique de paix qui vise à élever la valeur de chaque femme et de chaque homme et à accroître leur cohésion en vue d'atteindre des objectifs généreux. Comme peuvent l'être le spectacle, le rapprochement entre les peuples ou la création d'emplois.

En rugby, comme dans l'entreprise, la solidarité et l'enthousiasme sont des préalables à l'optimisme. « Un pour tous, tous pour un » s'écria un jour le plus célèbre des gascons. Il aurait pu faire un magnifique capitaine du XV de France ou un grand entrepreneur.

La solidarité et l'enthousiasme...

– CHAPITRE II –

Vers le mouvement perpétuel

Le jeu de rugby moderne existe par les affrontements organisés et s'épanouit dans la continuité du mouvement. Le résultat, soit la capacité à marquer des points, et le spectacle, soit la capacité à marquer des essais, sont alors au rendez-vous.

Cette importance du mouvement ne fut pas toujours à la mode. Jusqu'à la fin des années 60, le jeu ne présentait qu'un développement limité, le joueur évoluant dans un périmètre restreint d'où il ne s'écartait que rarement. Le rôle de chacun était bien cerné et les actions réalisées présentaient une régularité tactique due à l'utilisation d'une seule forme de jeu, par exemple pour les attaquants le jeu déployé avec recherche en bout de ligne du contournement de la défense. Les avants participaient surtout aux gains du ballon sur les mêlées et les touches puis venaient individuellement soutenir les lignes arrières, dans l'attente d'un prochain arrêt de jeu. Les enchaînements successifs entre les avants et les arrières étaient rares. Le jeu se faisait ligne contre ligne, les regroupements étaient moins fréquents et n'avaient pas la forme organisée que nous leur connaissons désormais.

Si aujourd'hui l'efficacité du jeu sur les phases dites statiques conditionne aussi le mouvement grâce à l'utilisation de combinaisons tactiques sophistiquées, la désorganisation de la défense ne peut plus se concevoir à partir des seules mélées ou touches. Les pénalités accordées et le jeu sur récupération permettent une mise en œuvre plus efficace des formes collectives de jeu que sont le jeu pénétrant groupé, le jeu déployé et le jeu au pied offensif.

Les mouvements de l'attaque conditionnent la réaction défensive, et vice versa, ce qui oblige les uns et les autres à mettre en place un système de réorganisation permanente. En analysant de manière schématique la structuration des actions de jeu, on constate que cellesci présentent toujours un premier mouvement d'attaque auquel correspond un premier barrage défensif. Soit l'attaque le brise et le mouvement se poursuit avec pour l'équipe en possession du ballon la jouissance d'une situation de surnombre. Soit elle ne le brise pas et il y a arrêt du mouvement du ballon, création d'un point de fixation sous la forme d'un regroupement, si possible rapide, puis ensuite enchaînement d'un nouveau mouvement etc... La succession de phases de mouvement et l'utilisation à bon escient des phases de fixation provoquent le plus sûrement le déséquilibre de l'adversaire.

Progressivement le rugby s'est placé sur une autre dimension ; au jeu « court » sans relation avants-troisquarts fait place un jeu en continuité où la communication et la compréhension entre les lignes et entre les joueurs deviennent prioritaires. Le jeu moderne, ce n'est pas tout « ce qui bouge », c'est un jeu fondé sur la compréhension du mouvement global des équipes. Le jeu pour Un devient le jeu pour Tous.

Les joueurs sont par conséquent appelés à dépasser les stricts compétences liées à leur poste. De plus en plus fréquemment dans les phases dynamiques il n'y a plus d'avants ou de trois-quarts mais des rugbymen dont la polyvalence enrichit le jeu et favorise l'épanouissement de l'intelligence en jeu. C'est par la compréhension préalable des mouvements dynamiques que le joueur va intégrer la nécessité d'être performant dans les phases dites statiques.

Ce qui vaut pour le rugby vaut pour l'entreprise. Le mouvement s'impose à elle du fait des turbulences que connaissent les environnements économique, social et technologique. Si hier le changement inquiétait car il était souvent synonyme de licenciements, aujourd'hui c'est l'immobilisme qui présente ce danger.

Les fondamentaux pour une entreprise sont simples. Il lui faut chercher-trouver-fabriquer-distribuer -vendre-maintenir et faire re-acheter avec un rythme de plus en plus rapide. Et de telle façon que le client attache au produit ou au service une valeur suffisamment élevée pour que le prix qu'il accepte de payer permette à l'entreprise de couvrir ses coûts et de dégager des ressources pour se développer.

La primauté trop souvent donnée en gestion aux techniques comptables et aux techniques de contrôle n'est plus adaptée. L'important pour tout professionnel de l'entreprise est d'avoir désormais une compréhension globale des forces qui poussent au mouvement perpétuel : les variations socio-économiques internationales, l'instabilité concurrentielle, l'innovation technologique, les évolutions des comportements des clients, la multiplication des alliances et les nouvelles espérances collectives et individuelles des citoyens, salariés ou non.

Le mouvement en accélération devient l'état naturel d'une équipe de rugby et d'une entreprise. Toutes deux sont tenues de créer davantage de richesses : ici, du jeu et de nouvelles vocations et là, des produits et des emplois. Et il est clair qu'elles ne pourront y réussir que par un enrichissement des responsabilités des individus dans le cadre d'un objectif commun. Chaque joueur est responsable du jeu, chaque salarié doit se considérer comme responsable de l'entreprise.

Vers le mouvement perpétuel

– CHAPITRE III –

Toujours plus vite !

L'équipe qui recherche la production d'un rugby moderne doit :

• développer un jeu enchaîné qui utilise le plus grand nombre de séquences longues et ce, quelle que soit l'origine du gain de balle,

• minimiser le temps d'arrêt du mouvement du ballon en utilisant des regroupements réellement dynamiques qui permettent de conserver le plus possible les effets favorables créés sur l'opposition lors du mouvement précédent,

• choisir de lancer le jeu avec la forme la plus efficace par rapport à la situation du moment et la plus surprenante pour majorer l'incertitude de l'adversaire.

La vitesse est liée à la rapidité de la lecture du jeu et à la maîtrise collective des mouvements d'ensemble. Les moyens physiques des joueurs deviennent alors essentiels pour déséquilibrer des adversaires aux réponses défensives toujours mieux adaptées et pour répondre aux besoins de spectacle toujours grandissants des publics.

Pour les entreprises la vitesse devient un avantage concurrentiel pour plusieurs raisons :

• la globalisation de l'économie s'impose. Les innovations se diffusent sur le plan mondial plus facilement que par le passé en raison de l'ouverture des frontières et de l'émergence « d'économies-mondes » qui détruisent la dimension nationale des offres et des demandes,

• l'innovation sur les produits et les procédés de fabrication ne cesse de s'accélérer. Dans les années 60, un véhicule automobile avait une espérance de vie d'une douzaine d'années, elle est aujourd'hui de 5-6 ans. Déjà les meilleurs constructeurs effectuent de profondes modifications lors de chaque millésime,

• les exigences des clients s'accroîssent car ils sont informés en temps réel sur les nouveautés qui apparaissent n'importe où dans le monde,

• les risques de copie doivent être limités ce qui oblige le producteur à une présence internationale et à une exploitation de son offre les plus rapides possibles,

• la maîtrise des coûts et la rentabilité sont vitales. L'entreprise doit pour cela réduire le temps de ses cycles de conception et de fabrication des produits pour espérer récupérer le plus rapidement possible les fonds investis afin de se protéger contre les risques de voir des produits concurrents supplanter trop vite les siens et afin de conserver l'initiative.

Dans l'entreprise, et pour lutter contre les pesanteurs des directions et des métiers, les interventions morcelées et effectuées de façon séquentielle (un peu comme dans le schéma ancien du mouvement en rugby qui isolait bien l'intervention des avants de celle des arrières) doivent être réduites. Il faut favoriser l'activité simultanée en temps réel de toutes les compétences afin que tout projet nouveau puisse respecter des impératifs de coût, de qualité, de faisabilité et de délai (CQFD !). L'émergence d'organisations novatrices, à durée de vie limitée et composées de compétences hétérogènes s'impose ; ce sont les « Equipes-Projets ». Leur Responsable sera considéré comme l'est déjà le porteur du ballon en rugby ; c'est lui qui a l'initiative et c'est lui que les autres doivent soutenir tout en comprenant son action. Après chaque produit lancé, une nouvelle équipe-projet pourra être constituée en fonction des caractéristiques du nouveau projet, des ressources disponibles et de la concurrence.

Si l'équipe et l'entreprise doivent être dotées du chromosome du changement, il est un impératif pour tous ceux qui accélèrent le mouvement de veiller à ce qu'il soit le plus efficace pour la collectivité et le plus valorisant pour les individus. Agir plus vite oblige aussi à tenir compte des menaces d'exclusion des plus fragiles et de stress excessif pour tout le monde.

Pour limiter les risques potentiels d'un changement trop rapide il est ainsi nécessaire :

• de veiller à l'adaptation de tous par une politique de formation individualisée qui situe les diverses responsabilités dans un cadre global et qui accroît l'employabilité de chacun,

• d'établir en permanence une bonne cohérence entre les fonctions exercées et les potentiels de chacun et donc d'organiser la mobilité professionnelle et l'évolution des métiers,

• d'adapter les systèmes de gratification en intégrant,

pour chaque collaborateur, un intéressement à la performance collective,

- de fabriquer des repères qui sécurisent les individus et les groupes et qui peuvent prendre la forme de manifestations culturelles internes, ou de célébrations en commun des succès...,
- de partager largement l'information,
- de savoir faire des pauses pour reprendre son souffle et pour faire le point sur ce qui a été réalisé, en particulier si une politique d'alliances ou de croissance externe a été lancée.

Le changement et son rythme s'organisent donc afin que les traumatismes soient limités et que les synergies soient amplifiées.

D'abord il est nécessaire que le mouvement ait un sens pour tous les acteurs. Ensuite il ne doit laisser personne au bord du chemin. C'est seulement si ces deux conditions sont réunies que la vitesse peut constituer un avantage concurrentiel.

Toujours plus vite !

– CHAPITRE IV –

Innover, c'est prendre des risques pour progresser

En rugby comme dans tous les domaines de compétition il est bon d'être un gagneur mais plus encore d'être un gagnant. Et la capacité de remise en cause s'impose comme la marque des champions. La satisfaction d'une situation acquise ne doit jamais être une disposition d'esprit ; seule une mentalité de challenger fait les leaders solides. Le goût pour l'innovation procède donc de cette chimie de l'humilité et de l'ambition, elle est principe d'adaptation et préalable à l'espérance de victoire.

S'il n'y a jamais d'innovation sans échecs, les progrès ont toujours pour fondement une prise de risque. Quiconque refuse pour soi et pour les autres cette réalité est dans une impasse car, un peu comme la loterie nationale où l'on accroit ses chances de gain en prenant davantage de billets, l'innovation voit ses chances de réussite se renforcer avec la multiplication des tentatives. Au devoir de progrès correspond le droit à l'erreur.

En rugby, l'innovation est une culture qui valorise la liberté de réflexion et de parole. Elle exige de la part de tous imagination, ouverture d'esprit, goût pour le changement et elle nécessite plus particulièrement de la part des responsables une forte compétence pédagogique et une réelle capacité à mettre en confiance les acteurs afin qu'ils aillent au bout d'eux-mêmes. Elle peut être le fruit de l'imagination individuelle ou collective et peut apparaître au cours de processus de réflexion formels ou par hasard, selon un cheminement pratique ou théorique. C'est ainsi que lors des entraînements puis au tableau noir, une combinaison de jeu pourra progressivement être mise en place afin d'être utilisée en cours de match. A l'opposé de cette démarche, une séquence de jeu apparue par hasard au cours de la partie pourra être considérée comme reproductible et intégrable. Dans le jeu actuel, la liberté laissée du fait de la nature de leur poste à certains joueurs (les ailiers par exemple) peut faciliter l'émergence d'idées et de pratiques nouvelles.

L'innovation se nourrit aussi de l'observation de ce qui se fait chez les autres. Le rugby français gagnerait à renforcer sa capacité à aller étudier le jeu des autres grandes nations du rugby, en particulier celles de l'hémisphère sud ou l'Angleterre. Et il le peut car il est déjà fort par lui-même ; intégrer ce que les autres font de meilleur ne serait pas diluer son identité ni sa culture. L'observation, en outre, peut porter sur les autres sports dont les évolutions sont riches d'enseignement.

L'innovation exige une forte attention aux changements de règlement. Si le jeu précède la règle, tout comme les comportements sociaux et culturels précèdent la loi, les autorités sportives ont toutefois une grande responsabilité par rapport à une ambition, voire à une philosophie de jeu. Il appartient donc aux techniciens et aux joueurs d'interpréter au mieux les modifications des règlements, d'en proposer certaines et de comprendre les changements de comportement de ceux qui sont chargés de les faire respecter, les arbitres. Si aujourd'hui le jeu offensif basé sur le mouvement et la vitesse est favorisé en tant que source de meilleur spectacle l'innovation ne saurait toutefois être aveugle des menaces de contre-innovation. Une preuve en est qu'à chaque évolution des règles en faveur de la libération du mouvement correspond en priorité la mise en œuvre de systèmes de défense.

L'innovation se révèle enfin dans la qualité de la communication interne et avec l'environnement. Innover, c'est prendre des risques pour progresser, c'est donc accepter qu'il puisse y avoir des résultats décevants, voire des défaites, à court terme. Il est indispensable pour les techniciens d'expliquer à tous ceux qui espèrent la réussite rapide -dirigeants, joueurs, commentateurs, supporters- qu'un certain temps de gestation est nécessaire et que la pression doit être minimale pendant cette phase. Au plus haut niveau, cela signifie que les médias, donc les journalistes, devront faire l'objet d'une communication particulièrement soignée afin que les objectifs de jeu à moyen terme soient intégrés et qu'ainsi les éventuels incidents de parcours soient considérés comme tels. C'est une vérité d'aujourd'hui, les médias doivent être traités comme des partenaires.

Dans l'entreprise la capacité d'innovation ne doit pas appartenir exclusivement aux chercheurs même si la beauté de leur responsabilité se trouve là ; ce sont tous les salariés qui doivent la développer car elle peut s'appliquer aux produits mais aussi aux processus de fabrication, aux méthodes de vente, aux services, à la logistique et à la gestion sociale dans sa globalité.

Un grand entraîneur de rugby sait écouter ses joueurs, un grand chef d'entreprise sait écouter ses collaborateurs. Tous deux doivent être en quête permanente de bonnes idées et doivent savoir gratifier leurs auteurs. L'innovation n'est jamais et nulle part « hors-jeu ».

Innover, c'est prendre des risques pour progresser

– CHAPITRE V –

Avoir confiance en soi et en ses partenaires

Le rugby est une aventure humaine faite d'amples mouvements et d'affrontements directs entre individus et entre groupes. Comme dans la vie, le courage est valorisé car malgré les règles édictées par l'International Board, l'impact bénéficie d'une grande liberté ; les chocs sont rudes, personne n'y échappe. Gagnée au champ d'honneur la plus prestigieuse médaille du rugbyman ressemblera toujours à une ecchymose.

Parce qu'il y a compétition la confiance en soi et en ses partenaires est importante ; comme il y a affrontement elle est cruciale.

Tous les enfants des écoles de rugby connaissent bien la phase de l'arrivée au vestiaire de l'équipe adverse. Sont-ils gros ? Ont-ils l'air « remontés » ? Telles sont les questions anxieuses d'avant-match, cette période faisant partie de ces moments de l'existence où il est bon de savoir pouvoir compter sur les copains. S'il est hors de question de fuir le terrain, il ne faut pas non plus que la crainte annihile les moyens physiques et la lucidité tactique. Elle doit sublimer les capacités.

Faire que ses collaborateurs aient confiance en eux-mêmes, en leurs collègues et en lui est la première responsabilité du chef d'entreprise. Comme elle l'est pour l'entraîneur vis-à-vis de ses joueurs et pour le Président de club vis-à-vis de son équipe de dirigeants et d'éducateurs.

Cette confiance, indispensable pour envisager la victoire sur un terrain ou sur un marché, peut se bâtir autour de quatre principes simples :

Principe 1- Définir un Projet de club ambitieux mais réaliste. Tous les clubs ne peuvent en début de saison viser raisonnablement le titre mais tous doivent définir un Projet qui permette de progresser par rapport à la saison précédente. Il précisera la politique générale du club (ambition philanthropique, insertion et éducation des jeunes, représentativité de la ville ou du « pays »...), ses objectifs (style de jeu, résultats espérés, nombre de spectateurs...) et les moyens pour les atteindre (recrutement et formation des joueurs, choix des éducateurs et des éventuels consultants, relations avec les collectivités territoriales, les sponsors, la presse et les supporters...). Il sera exprimé simplement pour que les membres et les partenaires du club se l'approprient et le défendent.

Principe 2- Faciliter l'épanouissement d'une culture commune à tous les acteurs. Elle doit s'inspirer du souvenir des moments heureux du club, de la connaissance des attentes des publics et de la compréhension des facteurs-clés de succès par rapport au niveau et à l'esprit de la compétition. La culture consiste en des valeurs et en des comportements que la collectivité a inventés ou découverts afin de s'adapter à l'environnement et qui ont fait suffisamment leurs preuves pour être considérés comme valables, et par conséquent, pour être enseignés aux nouveaux venus comme des bases de perception et d'action. Elle est source de langage commun et levier d'adaptation.

Principe 3- Fixer clairement les responsabilités. Au sein du club il n'est pas bon de mélanger les responsabilités ; tous les membres doivent viser l'excellence dans les domaines où ils seront prioritairement jugés. Les dirigeants sont responsables des objectifs à long terme du club, de son fonctionnement et de sa pérennité. Les entraîneurs s'engagent sur le style de jeu et le résultat. Les joueurs sont maîtres de leur comportement individuel et collectif sur le terrain pour atteindre la plus haute qualité de jeu possible. Les supporters sont solidaires des joueurs, se comportent en « grognards » de l'esprit sportif et promeuvent l'image de leur club, de leur ville ou de leur pays. La bonne marche du club aura donc pour principe d'organisation la clarté des responsabilités, le respect de l'autonomie des individus mais aussi le refus de leur indépendance.

Principe 4- Respecter l'individu en exigeant beaucoup de lui. C'est dans la mise en valeur de l'esprit d'initiative de chaque joueur au profit de l'équipe que se trouve la clé de tout progrès. Ce droit pour tout individu ne va pas sans devoirs. Il doit d'abord bien se connaître car sa responsabilité est personnelle avant d'être collective ; il ne doit pas tricher avec lui-même. Si son comportement peut permettre d'envisager la réussite, ce ne doit pas être à n'importe quel prix : loyauté, sens de l'éthique, respect des règles de la compétition, de ses partenaires et de ses adversaires sont indispensables. La persévérance dans l'effort et la résistance à l'échec s'imposent pour quiconque vise le haut niveau sportif ou professionnel.

Valables pour un club, ces principes peuvent très facilement être applicables à une entreprise. La confiance entre les hommes naîtra de l'émergence dans tous les esprits d'une vision commune au sujet des projets à long terme, d'une compréhension du sens profond de l'action, d'un sentiment d'appartenance à une collectivité solidaire et d'une certitude d'équité dans l'évaluation et la gratification des résultats.

Avoir confiance en soi et en ses partenaires

– CHAPITRE VI –

Il y a un leader éveillé ou qui sommeille en chacun de nous

S'il est une leçon que donne la jeunesse d'aujourd'hui c'est sa capacité à rechercher l'épanouissement personnel par la participation à des réseaux de solidarité ; clubs, associations ou cercles sont toujours plus nombreux. Il existe donc dans le terreau social une envie de changement et de prise de responsabilité que les mondes sportif et économique ne peuvent pas ignorer.

Sur un terrain, au sein d'une entreprise, chacun peut-il être un leader ? Non si on limite cette qualité à la seule dimension du pouvoir coercitif sur les autres. Oui, si elle concerne la capacité à influer sur les événements avec le concours du plus grand nombre.

Et n'est-ce pas la situation permanente ? Tout joueur en possession du ballon n'est-il pas le leader ? Tout salarié qui propose une idée pertinente ne mérite-t-il pas pour sa mise en œuvre du soutien de ses collègues, quel que soit le niveau hiérarchique des uns et des autres ? Alors que le niveau de concurrence s'élève, favoriser l'expression des talents et la prise de responsabilité par les individus s'impose.

Alors qu'attend-on d'un leader en rugby ou dans l'entreprise ? Peut-être ces sept valeurs :

1- La capacité à créer des richesses, que ce soit du spectacle ou des emplois,

2- La vision globale pour intégrer un maximum de paramètres et en expliquer au plus grand nombre les grandes tendances,

3- le goût du changement pour le promouvoir chez les individus tout en protégeant leur sentiment d'appartenance à la collectivité,

4- la compréhension des leviers de progrès à utiliser selon les situations : la compétence technico-tactique, la motivation psychologique ou l'implication physique, les trois dimensions étant toutefois liées entre elles,

5- l'écoute pour être attentif à la demande de plaisir des autres et veiller à ce qu'ils puissent se réaliser pleinement,

6- un engagement ferme vers plus d'équité et d'éthique pour montrer l'exemple à la jeunesse,

7- la compétence reconnue à son poste ou dans son métier de telle façon qu'il soit indiscutable vis-à-vis de ses coéquipiers ou de ses collaborateurs. La polyvalence et le savoir-faire de généraliste ne se suffisent pas à eux-mêmes.

En rugby, un bon entraîneur sent l'évolution globale du sport et définit un style de jeu de l'équipe adapté au souhaitable et au possible. Il sait obtenir du temps pour l'amener à maturité sans se laisser soumettre à la pression du public ou des médias en cas d'incidents de parcours. Il associe les joueurs à ses réflexions et respecte leur sens critique pendant la phase de gestation ; cela lui permettra d'être d'autant plus exigeant dans la mise en œuvre des choix effectués. Il veille à ce que son comportement global symbolise bien l'idée proposée. Dire ce qu'il pense et faire ce qu'il dit est pour lui aussi une saine morale de l'action.

Le Président de club va voir ses responsabilités renforcées. L'accroissement du niveau de compétition et des enjeux nécessite la mise en place de structures plus ét offées : encadrement médical et para-médical, cellule de marketing et de communication, service au public... Une véritable politique d'insertion sportive et pré-professionnelle des jeunes nécessite une grande imagination dans la définition de nouvelles relations avec l'environnement économique. La gestion des joueurs de haut niveau devra être respectueuse des principes d'éthique et d'équité. La multiplication des alliances locales et internationales ainsi que le développement des fusions entre clubs pour permettre à certaines régions d'accéder à l'élite demandera de sa part de vrais talents de diplomate et de stratège. Bref l'activité de Président de club de rugby va se complexifier ; elle valorisera les bénévoles mais pas les amateurs.

Dans l'entreprise et dans les établissements de formation à la gestion ou aux métiers techniques et scientifiques le leadership doit s'enrichir en urgence d'une responsabilité nouvelle : l'esprit d'entreprise.

Les étudiants, les jeunes recrutés ou les salariés confirmés doivent y être encouragés plus qu'à bien « administrer » les affaires. Avoir la mentalité sportive, c'est aussi détester la bureaucratie. Ces activités économiques nouvelles pourront être totalement indépendantes des firmes existantes, liées à elles en réseau ou insérées dans leur périmètre au sein d'une division ou d'un département distinct. Les responsables politiques, les professeurs, les dirigeants d'entreprise pourraient davantage encourager ce mouvement. Nos sociétés modernes doivent penser à créer des employeurs avant de créer des emplois.

Activités humaines, le sport et l'économie génèrent des valeurs, des techniques et des comportements. Que le sens des responsabilités et la capacité à entraîner les femmes et les hommes vers des réalisations toujours plus généreuses l'emportent ! Que le rugby renforce sa mission éducative envers les jeunes afin de les rendre plus forts, et donc plus sereins, face aux défis lancés par la société contemporaine ! Que le rugby soit la plus belle école de leadership !

Il y a un leader éveillé ou qui sommeille en chacun de nous

– CHAPITRE VII –

Des champs de progrès infinis pour le joueur

Les progrès de l'acteur portent sur trois domaines : la Politique générale, la Grande stratégie et l'Action, que l'on retrouve dans l'entreprise.

Champ de progrès n° 1 : la politique générale du sport. Son domaine touche à l'évolution sur le long terme du jeu et de son environnement. Si les dirigeants des Fédérations et des clubs ont pour mission essentielle de la définir, il est une responsabilité pour tout pratiquant de comprendre que pour avoir un véritable sens son comportement doit intégrer cette sorte de « vision » collective. Faire honneur au rugby, c'est par exemple vouloir proposer plus de temps de jeu, aimer l'affrontement tout en refusant la brutalité... C'est aussi aborder avec sérénité de nouvelles relations avec les environnements économique et médiatique. Cela sans jamais oublier que les progrès les plus durables et les adaptations les plus solides ne passent jamais par l'abandon des valeurs fondamentales.

Champ de progrès n° 2 : la Grande stratégie du jeu. Intégrée à la politique générale du sport, son objectif est la définition d'un projet de jeu avec la mise en œuvre de toutes les ressources humaines ou matérielles, en tous lieux, sur et en dehors du terrain, et à tous moments, avant, pendant et après le match. La Grande stratégie concerne le style de jeu globalement défini en début de saison par l'entraîneur, le directeur technique et le président du club et accepté par les joueurs. Elle intègre ainsi la politique de recrutement, la formation, la prévision du niveau de compétition et des styles de jeu des équipes engagées, la programmation du travail à accomplir en fonction de l'importance des rendez-vous du calendrier sportif ainsi qu'une certaine dose de risques nécessaire à tout souci d'innovation. La compréhension de la Grande stratégie s'impose en priorité à tous les entraîneurs du club et à leurs relais sur le terrain, les capitaines ou les leaders par ligne.

Champ de progrès n° 3 : le joueur en action. Tout joueur de rugby évolue dans un environnement culturel local qui influe sur la représentation qu'il a de ce jeu et que tout entraîneur doit prendre en compte dans ses objectifs de changement. C'est pourquoi le rôle du joueur dans un processus d'adaptation vers un rugby de meilleur niveau se trouve renforcé ; il est amené à dépasser ce qu'il sait habituellement faire. La mise en œuvre d'un jeu plus riche réclame une plus grande habileté technico-tactique, une condition physique mieux adaptée au style de jeu choisi et un engagement mental intense et lucide.

La compétence technico-tactique s'exprime principalement dans un rapport d'opposition dynamique. Il s'agit pour le joueur de vite s'adapter au mouvement créé par la circulation du ballon et le déplacement des antagonistes (attaquants et défenseurs). La maîtrise de l'opposition se réalise à la vitesse du jeu. Les joueurs capables de percevoir et d'analyser vite et bien ce qui se passe sont avantagés. Ils peuvent alors développer des comportements créatifs faits d'adaptabilité et de prise d'initiative. Pour que l'efficacité soit maximale, les joueurs ont au préalable besoin de se comprendre avant de tenter de comprendre le jeu. Les décisions justes se prendront alors en cascade, chaque fois soutenues par le geste technique adapté et respectueux des deux principes fondamentaux, l'avancée et le soutien constant et utile.

En plein jeu, en plein mouvement, le geste technique demande alors une exécution efficace qui respecte des exigences de vitesse, de précision, voire d'esthétisme. Pour préserver le mouvement en cours, la responsabilité n'est plus celle du seul porteur du ballon mais de l'ensemble du collectif. Le « jeu pour soi » est un engagement altruiste au nom du « jeu pour tous ».

La maîtrise de la dimension technico-tactique trouve ses limites si les deux autres composantes du jeu, le physique et le mental, ne sont pas en adéquation avec elle. Le jeu de mouvement exige ainsi un engagement physique total. Aujourd'hui le joueur doit être un athlète complet capable de réaliser des types d'efforts physiques qui dépassent ceux habituellement exigés par le poste occupé. Cela signifie être disponible à 100 % pour répondre à toutes les situations de jeu en attaque et en défense, dans le jeu de mouvement comme dans les phases statiques. Dans le rugby moderne, il n'existe en effet plus de temps faibles et de temps forts. Savoir gérer intelligemment ses propres ressources physiques devient une nécessité pour jouer à haut niveau.

Sur le plan mental si le joueur doit bien sûr faire preuve de volonté de vaincre, de contrôle de soi sous la pression, de respect absolu de autres acteurs du jeu, son psychisme se développera aussi par sa confiance en son intelligence en jeu et par la qualité de la communication entre les joueurs, dans le cadre de schémas préparés ou face à l'imprévu.

Compétences techniques et tactiques et qualités physiques et mentales sont ainsi étroitement liées pour au choix :

• imposer son jeu global sans se préocc uper de celui de l'adversaire,

• adapter son jeu en cours de match en fonction de celui de l'adversaire,

• se mettre en situation de défense pour jouer le contre et profiter des erreurs de l'adversaire,

• jouer sur une seule dimension de jeu telle que jeu d'avant avec chandelle/coup de pied à suivre.

Le jeu moderne exige intelligence et souffle.

Dans l'entreprise il est bien sûr souhaitable que les acteurs soient en pleine forme. Les progrès réalisés dans les conditions de travail (hygiène, sécurité, ergonomie) y contribuent, même si le soutien psychologique du salarié en échec ou stressé est encore trop souvent négligé.

La compréhension de la politique générale d'une firme (objectifs économiques, culturels et sociaux à long terme) et de sa Grande stratégie (métiers de base, attaque de marchés nouveaux, alliances...) permet à tous les salariés de mieux comprendre l'importance de leurs propres efforts et de mieux anticiper les changements. Quant aux approches technico-tactiques, elles diffèrent selon les produits et les marchés, mais ont pour point commun le goût pour l'innovation et la prise de risque, la maîtrise d'un vrai métier, le sens des responsabilités individuelles et la valorisation de la compétence collective.

Dans l'entreprise et en rugby, l'intelligence en action de l'individu est devenue un facteur clé de succès. Toutefois, l'initiative qui lui est laissée ne peut en aucun cas être le fait de son seul bon plaisir mais le fruit de l'interprétation d'une situation et d'une volonté d'y apporter une réponse collective... même s'il y aura toujours la place pour le coup de génie ou le fait du hasard.

Des champs de progrès infinis pour le joueur

– CHAPITRE VIII –

D'abord et toujours, former

On ne naît pas joueur de rugby, on le devient. On ne naît pas chef d'entreprise, on le devient. La formation et l'éducation des femmes et des hommes sont des préalables à toute espérance d'épanouissement.

En rugby, il ne s'agit plus de développer les seules « capacités gestuelles » du joueur, il devient capital de privilégier son intelligence en jeu afin de lui donner les moyens de gérer en même temps sa propre production et celles des autres. Bien sûr, des formations spécifiques aux responsabilités et aux postes doivent être envisagées mais ce serait une grosse erreur de rechercher la spécialisation immédiate du joueur. D'abord car il faut du temps pour définir au mieux le poste dans lequel on est le plus efficace et où l'on prend le plus de plaisir et ensuite car le rugby de mouvement nécessite de la part des joueurs une culture rugbystique globale et de la polyvalence.

La formation concernera les dimensions définies comme « Champs de progrès » : la Politique générale du sport, la Grande stratégie et le joueur en action. Le programme obligatoire sera proposé en ateliers pratiques et théoriques avec, tout comme pour la formation à un métier, une large priorité accordée au travail en mouvement sur le terrain. Dans tous ces domaines, la préparation sera collective et individualisée ; l'auto-formation ne sera pas exclue. La préparation de groupes, tels le Cinq de devant, le Cinq de la charnière (troisième ligne et demis) ou le Cinq de derrière, la formation spécifique du buteur, du meneur de jeu ou du talonneur feront l'objet d'ateliers qui permettront au joueur de s'insérer dans le système global de jeu puis d'acquérir des compétences décisives à son poste.

Sur le plan psychologique, la préparation sera individualisée, à la fois en fonction des hommes et en fonction des postes ; le plaisir et la motivation d'un pilier n'ont pas les mêmes ressorts que ceux d'un trois-quart aile.

En ce qui concerne la formation de tous les éducateurs d'un même club, une cohésion devra être bâtie autour de l'entraîneur de l'équipe première, c'est lui qui inspire le style de jeu. La communication interne, les passages des joueurs d'une équipe à l'autre et les effets d'identification par les joueurs débutants ou moyens aux meilleurs seront ainsi facilités. Les séminaires internes ainsi que les stages fédéraux leur permettront d'élever leurs compétences et les cours de langues étrangères d'améliorer le dialogue avec leurs collègues étrangers.

Cette organisation du programme de formation présente l'intérêt d'être applicable à tous les niveaux au sein du club depuis les pupilles jusqu'à l'équipe première. La nomination d'un responsable de la formation au sein d'un club ou la prise en charge de la globalité de cette mission par le Directeur technique ou l'entraîneur est donc indispensable.

La formation du joueur ne doit toutefois pas se limiter à la dimension sportive car il est devenu impossible de négliger son insertion professionnelle. Les dirigeants des clubs se voient ainsi dotés d'une responsabilité nettement élargie dans ce domaine qui ne concernera pas seulement les sportifs de haut niveau mais impliquera un nombre toujours plus grand de jeunes. Il leur faudra savoir organiser les relations, voire des alliances, avec les lycées, l'université, les centres d'apprentissage et les entreprises. Pour le club de rugby, comme pour l'entreprise, l'objectif de performance doit aller de pair avec le sens de la responsabilité sociale.

Au sein de l'entreprise, la formation ne doit plus jamais être considérée comme une dépense obligée mais comme le plus bel investissement. Au cours de ces dernières années une nette évolution a été enregistrée dans ce domaine. Certaines sociétés soumises à une concurrence terrible au sein de secteurs innovants engagent des budgets quatre à cinq fois supérieurs à l'obligation légale. Alors que toutes les fonctions et tous les métiers évoluent, la capacité de changement des individus doit être favorisée par des politiques de formation ambitieuse qui peuvent s'envisager selon les principes déjà définis pour le rugby.

Certes il existe des niveaux différents de responsabilités, des compétences particulières aux fonctions et des écarts culturels entre salariés ; cette hétérogénéité doit être équilibrée par la définition de programmes de formation qui permettent à tous de comprendre en priorité les menaces et les opportunités qui concernent la firme et son secteur sur le long terme, l'amélioration de la capacité d'expertise dans les divers métiers venant en second. Cette logique permet à chacun de mieux situer son activité et les adaptations qui l'attendent par rapport au développement d'ensemble de la firme. Globalement, c'est l'engagement des ressources qui se trouve amélioré.

Et si le rugby devenait de tous les sports celui qui portait le plus d'attention aux questions de formation de ses pratiquants ? Et si la formation des joueurs débordait le simple cadre de la compétence rugbystique pour améliorer leur insertion professionnelle ? Le rugby : le plus citoyen des sports citoyens ? Que toutes les forces et les passions disponibles s'y engagent !

D'abord et toujours, former

– CHAPITRE IX –

Bien connaître ses ressources

Chacun sait que les ressources ne peuvent être limitées à leur dimension quantitative. Il n'y a toujours que quinze joueurs dans les équipes de rugby et les différences de poids et de tailles entre individus ont des influences bien marginales dans l'établissement d'un rapport de forces entre elles. La maîtrise d'une véritable stratégie de jeu et de schémas tactiques pertinents, la disponibilité d'un buteur régulier, la présence de joueurs d'exception, un psychisme fort lié à une série de victoires ou à un désir de revanche, l'avantage du terrain, une bonne image auprès des média etc. sont autant d'éléments qualitatifs qui caractérisent les ressources que l'entraîneur peut engager.

Le fait que pour l'entreprise, et contrairement au rugby, il n'y ait pas un nombre imposé de collaborateurs ou d'usines — la seule limite quantitative à sa croissance étant l'abus de position dominante sanctionné par les autorités politiques et administratives — ne change rien à ces principes : les ressources humaines, stratégiques, relationnelles et matérielles ne peuvent être évaluées sur le strict plan quantitatif. La force n'est pas proportionnelle à la taille.

En ce qui concerne la ressource humaine, la sélection des femmes et des hommes se révèle être fondamentale afin que soit créée une harmonie entre projets stratégiques et ceux qui sont chargés de les faire vivre.

Dans la formation d'une équipe de rugby l'une des grandes difficultés qui se pose à l'entraîneur est de choisir entre le joueur en meilleure forme à un moment donné, le joueur à la forte capacité d'innovation et le joueur qui s'insère au mieux dans un collectif. Il existe donc une double responsabilité pour le décideur : choisir les individus en fonction d'une capacité d'insertion dans un projet adopté ou de rupture avec le passé. Et comme l'interaction entre projet et individus est permanente, il lui faut trouver un fondement pour sa prise de décision.

Aucune organisation n'ayant la puissance suffisante pour obtenir toutes les ressources qui lui sont a priori nécessaires, un entraîneur ou un responsable d'entreprise définira le domaine dans lequel son équipe ou son entreprise peut faire preuve d'excellence par rapport à la concurrence. Il consacrera un maximum de ressources afin de consolider cette source d'avantage concurrentiel.

Dans une équipe de rugby, et en schématisant, cela pourra être la maîtrise du jeu d'avants, cela sans bien sûr que soit totalement négligé le jeu des arrières. En entreprise, cela pourra concerner la capacité à développer et à renouveller rapidement des produits de haute technologie ou la capacité à fabriquer des produits avec des coûts de production les moins élevés du secteur etc.

Il est prioritaire de développer ses forces plutôt que de s'épuiser à chercher à améliorer ses faiblesses.

Enfin, chaque organisation se trouve au cœur d'un réseau ; les ressources ne sont pas simplement internes, elles concernent donc la compétence relationnelle avec l'extérieur. Pour un club, il s'agira de savoir bénéficier des ressources financières provenant des collectivités locales, des ressources relationnelles grâce à la presse et aux médias, des ressources humaines provenant d'autres clubs pourvoyeurs de talents etc... Pour une entreprise, les relations avec le monde politique régional, national ou international, les universités et les écoles, les centres de recherche, les partenaires financiers, les média etc... mais aussi les autres entreprises — y compris concurrentes —, sont essentielles. Cette compréhension de l'importance des réseaux, de la dimension diplomatique dans la gestion des entreprises ou des clubs, se révèle dès aujourd'hui déterminante. La société de concurrence laisse progressivement la place à la société de partenariat.

De temps à autres, et l'histoire comme le sport foisonnent d'exemples, l'inconscience par rapport à la force objective de ses ressources n'empêche pas les victoires au cours des batailles les plus belles. Cela ne dure qu'un temps ; sur le long terme, lorsqu'il s'agit de se placer sur une dynamique de succès avec un sens aigu des responsabilités, la bonne compréhension de toutes les ressources disponibles et l'adaptation en temps réel de celles-ci à ses ambitions sont des compétences stratégiques majeures.

Bien connaître ses ressources

– CHAPITRE X –

Comprendre ses adversaires, c'est savoir comment les gêner

L'entraînement d'une équipe et la gestion d'une entreprise ne concernent jamais en priorité des matières inertes mais toujours des individus dont les états d'âme et les actes influent directement sur les choix qui les impliquent ; il n'y a jamais neutralité du décideur par rapport à l'acteur.

Si naguère les femmes et les hommes de l'entreprise travaillaient sous la coercition et si encore aujourd'hui on leur demande trop souvent d'être motivés par la sauvegarde de leur emploi et de leur salaire, demain il s'agira de leur donner le moyen de fabriquer en eux-mêmes le sens de leur engagement professionnel en tant qu'élément de sens de leur vie. En rugby, le temps où l'entraîneur imposait à ses joueurs un style de jeu sans recherche de consensus préalable et où il les « remontait » par un discours d'avant-match brutal et fruste laisse peu à peu la place à des temps plus pédagogiques.

Ces évolutions sont nécessaires et complexes car si le message interne ne s'adresse pas à une matière inerte l'action ne s'effectue pas non plus face à une matière inerte. Entraîner au mieux une équipe, gérer de la meilleure façon une entreprise, c'est aussi définir de façon optimale les objectifs en tenant compte des manœuvres en cours ou prévisibles des adversaires ou des concurrents. Et comme ceux-ci font de même à votre égard, il est une logique permanente d'actions et de réactions qui rend l'équilibre obtenu entre le désiré et le possible instable.

Dans l'entreprise, comme au sein d'une équipe de rugby, la maîtrise individuelle de son métier ou de son poste et la maîtrise collective des projets ou des mouvements exigent une capacité toujours plus élevée de « compréhension-action » rapide sur la base d'informations internes ou externes toujours plus nombreuses. Or pour chacun d'entre nous, il existe une capacité d'absorption d'informations maximale, variable selon la sélectivité de la mémoire, le potentiel intellectuel, le niveau culturel, l'émotivité ou la volonté d'apprendre. Trop d'informations, ce peut être trop de pression ; avec le risque de trop grande complexité des événements à étudier, la volonté d'agir peut se trouver inhibée et des comportements inadaptés se faire jour.

Enfin l'excès d'analyse de la concurrence risque de limiter l'évolution du jeu ou d'une activité à des progrès réguliers basés sur ce que les autres font ; cela est certes utile mais risque de limiter le goût pour l'innovation, la mieux à même de développer un véritable avantage concurrentiel. Si une équipe de rugby pénètre sur le terrain avec pour seule ambition d'adapter son jeu à celui de l'adversaire, elle ne pourra pas se construire une identité et une compétence collective, indispensables pour progresser sur le moyen terme. Si dans la phase de lancement d'un produit, une entreprise cherche à intégrer les innovations quotidiennes de ses concurrents, son produit n'atteindra jamais le client. Il faut certes consulter, observer et écouter beaucoup pendant la phase de préparation mais accepter d'être plus concentré sur ses propres efforts pendant la phase d'action.

La compétence essentielle consiste donc à savoir prendre l'initiative à partir de ses propres ressources. Il faut prendre le risque d'aller de l'avant, de promouvoir l'offensive et de chercher à créer des brèches plutôt que rester en position d'analyste étudiant comment s'adapter aux mouvements de l'autre.

Cette mise en garde contre les excès faite, tout éducateur sportif, tout dirigeant d'entreprise saura analyser les mouvements des adversaires ou des concurrents ; tout joueur, tout salarié fera preuve de vigilance à son sujet.

Aux niveaux les plus appropriés de l'organisation, tels Fédération, comités et clubs en rugby, des « Observatoires de la concurrence » pourraient être montés. Et cela sans que ce soit lourd ou trop coûteux. Dans un petit club, un ancien joueur sera chargé de l'observation d'une équipe concurrente. Un comité réfléchira sur les évolutions en cours dans un autre sport. Au sein de la Fédération, une cellule prendra en charge l'étude des évolutions du rugby dans un certain nombre de pays leaders et la consolidation des travaux effectués dans les structures décentralisées.

Dans un grand Groupe, les dirigeants tiennent compte des manœuvres des concurrents. Ils savent utiliser les analyses fournies par une cellule en charge de la veille technologique, commerciale et concurrentielle. Pour une PME-PMI, le recrutement d'un stagiaire affecté à cette mission sera considéré. Enfin, à tous les niveaux de l'organisation et quelle que soit sa taille, des réunions régulières associeront tous les collaborateurs autour d'un échange centré sur les concurrents à des fins d'information individuelle et de remontée des « signaux » pour consolidation. L'ouverture à l'environnement est une culture et une pratique.

Dans le monde de l'entreprise comme en rugby, les informations obtenues sur les concurrents devront toujours être analysées sur le plan stratégique. La priorité sera donnée à celles qui traduisent leur faible mobilité et leur résistance au changement, que les raisons soient matérielles, politiques, culturelles ou émotionnelles. Mouvement quand tu nous tiens !

Comprendre ses adversaires, c'est savoir...

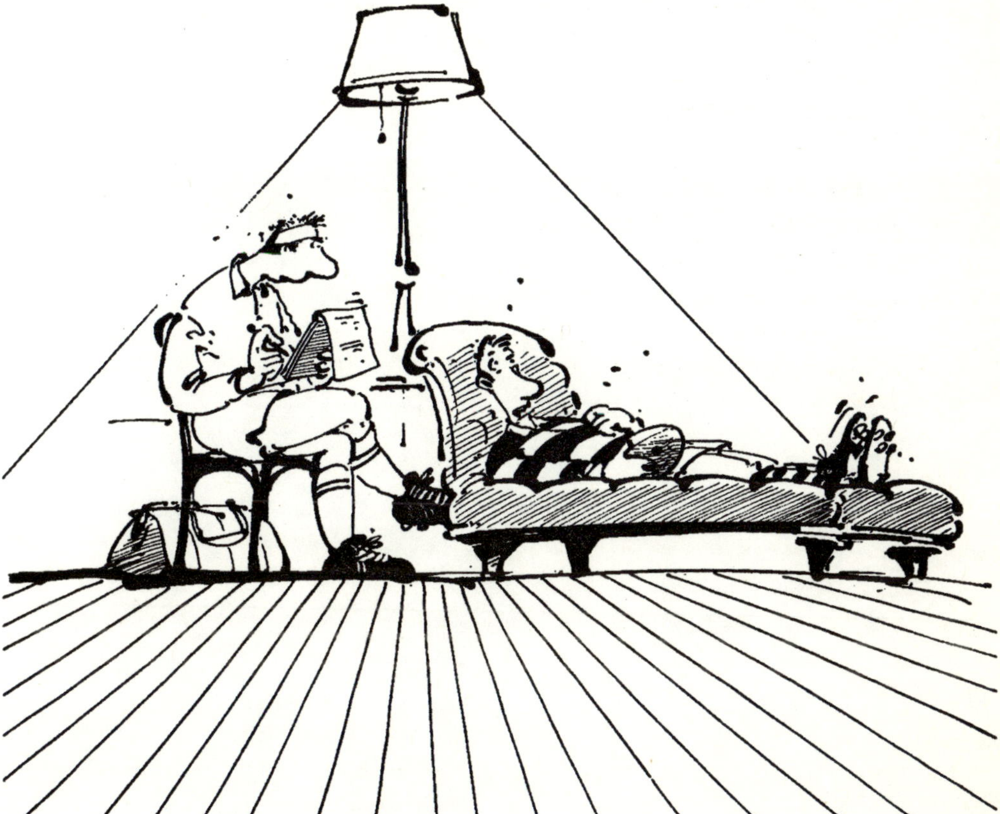

– CHAPITRE XI –

L'environnement comme source de pression et de progrès

Lorsqu'un enfant fait pour la première fois son entrée sur un terrain de rugby devant le regard de ces individus au comportement étrange que l'on appelle les spectateurs, il sait que de toute sa vie il n'oubliera jamais cette sensation faite de fierté et de bouche sèche, de poids des responsabilités et de jambes fébriles, de volonté de faire plaisir et de palpitations. Comme d'habitude, le ballon aura des rebonds capricieux et l'adversaire direct semblera fort et rapide. Seulement cette fois il y aura le regard de tous ceux qui autour du terrain sont à la fois si proches et si lointains de l'action, si disponibles pour le plaisir et pourtant si prompts à la critique. Il y aura ces murmures qui raisonnent comme des vagues.

Le public est au rugby ce que le client est à l'entreprise. Vital.

Il n'est pas aisé de satisfaire l'un comme l'autre. La concurrence entre sports ou entre marques les rend toujours plus capricieux et exigeants, la télévision ou les outils informatiques et communicants toujours plus anonymes. Et les intermédiaires entre l'offre de jeu ou de produit et la demande sont de plus en plus nombreux, ici les média et donc les journalistes, là les distributeurs et donc les commerçants.

L'environnement est toujours source de pression car il est d'abord obsédé par la satisfaction de ses propres besoins ; c'est un cannibale. C'est donc à la fois par la compréhension de cet appétit et dans la fidélité aux valeurs de son sport qu'une équipe de rugby peut progresser. Davantage de spectacle grâce à un jeu plus rythmé et plus rapide ? Oui. Que l'essai soit davantage valorisé, que le chronomètre s'arrête lorsqu'une pénalité est tentée, que la mêlée soit plus souvent remplacée par un coup-franc joué à la main... Le jeu de mouvement à partir de séquences longues doit demeurer l'objectif des acteurs et des partenaires du rugby afin d'intéresser d'abord le spectateur puis le téléspectateur. Le rugby a besoin des clameurs des stades pour se faire plaisir et faire plaisir.

Si l'environnement concerne d'abord le public, il concerne deux autres domaines hypersensibles -l'argent et l'information- dont les exigences non maîtrisées peuvent entraîner des effets pervers comme la victoire à tout prix ou l'abandon du soucis de l'esthétique du jeu.

Le sport est une activité humaine, il n'a jamais été étanche à l'argent. Tout dirigeant du plus petit des clubs de rugby sait qu'il est nécessaire de vendre des calendriers ou d'organiser un loto pour acheter quelques maillots et quelques ballons. Et les plus fins observateurs ont remarqué que les clubs installés au plus haut niveau portent les couleurs de villes à la tradition rugbystique forte et à la surface économique importante.

L'argent est nécessaire au rugby comme il l'est à l'entreprise lorsqu'il vise l'investissement et non la spéculation. Il est le bienvenu dans le rugby s'il permet aux clubs de mieux s'équiper, d'accueillir un nombre toujours plus élevé de jeunes en mal de réussite, de créer une animation toujours plus grande dans les villes et les villages et d'accompagner une véritable politique de formation et d'insertion professionnelle des joueurs. A l'heure où l'on évoque fréquemment « l'entreprise citoyenne », le « club citoyen » a sa place dans la lutte contre l'exclusion.

Source de pression, l'argent sera donc source de progrès pour le rugby si son afflux, généré par une plus grande attention des média, atteint directement la Fédération, les comités et les clubs et indirectement les joueurs de haut niveau. Quand un client achète un produit à une entreprise, il signe un chèque à l'ordre de celle-ci, jamais à l'ordre d'un salarié particulier, sans que cela empêche ce dernier d'espérer gagner toujours mieux sa vie. Les clubs doivent donc être responsables de la gratification des joueurs selon leur niveau, comme les entreprises le sont pour leurs salariés selon leurs compétences et leurs responsabilités. Sinon ce pourrait être la fin de ces deux valeurs dont les consonnances se font écho l'une l'autre, l'éthique et l'équité, alors que le rugby a bien besoin d'elles pour aborder les temps modernes.

L'environnement, c'est enfin une source permanente d'informations et donc un facteur de métissage des savoirs et des comportements. L'étude de la pratique du rugby dans d'autres pays et l'intégration de certaines techniques qui permettent dans d'autres sports, et dans le respect des règlements, d'améliorer la performance sont bonnes. Par exemple la capacité à changer les schémas tactiques en cours de match comme au basket-ball, à accélérer la vitesse de circulation du ballon comme en football, à préparer physiquement et psychiquement des sportifs de haut niveau comme en judo etc... L'appel à la psychologie, à la médecine ou à la théorie des jeux peuvent, elles aussi, fournir des connaissances utiles.

En rugby s'il peut arriver qu'une arcade sourcilière ou qu'un crâne s'ouvre, ce sont définitivement les esprits ouverts qui présentent le plus d'intérêt. Comme dans l'entreprise.

SI TU NE MARQUES PAS AU MOINS UN ESSAI PAS DE TÉLÉ CE SOIR !
FAINÉANT !

– CHAPITRE XII –

Gagner, c'est bien.
Perdre glorieusement, c'est tolérable

Le rugby est un sport éducatif. Si les affrontements font le sel de ce sport, ils s'engagent selon des règles précises qui n'autorisent pas n'importe quel comportement. L'important est de dominer régulièrement un adversaire qui doit être respecté au même titre que l'environnement dans lequel évolue le pratiquant : dirigeants, arbitres, spectateurs, médias etc... Cela rappelé avec fermeté, il est patent que les comportements des joueurs présentent trop souvent des différences notables sur le plan des attitudes selon l'enjeu de la compétition. Le match amical, le match de championnat et le match du Tournoi des Cinq Nations ne sont pas vécus de la même manière.

La responsabilité de l'entraîneur et de l'encadrement du club est primordiale dans l'état d'esprit qui anime une équipe quel que soit l'enjeu du match. La pression affective sur les joueurs à partir de la valorisation de l'orgueil fera, en particulier, l'objet d'une attention particulière car le procédé présente des dangers. Il est le plus difficilement maîtrisable et présente le risque de rendre la production technico-tactique secondaire. Il faut savoir en user mais ne pas en abuser, en ne manquant pas de faire la nuance entre un affrontement viril et digne qu'il faut valoriser et un jeu déloyal.

Les idées de jeu et d'esprit sportif sont-ils conciliables avec le souci de victoires et de résultats ? C'est a priori douteux si l'on note que la pression médiatique et la volatilité des évènements dans la conscience des spectateurs ou téléspectateurs poussent à la louange excessive des vainqueurs et au blâme dramatisé des perdants. Mais à la réflexion, l'amour et la pratique d'un sport ne peuvent avoir de sens pour un individu et pour un public que si le drapeau qui flotte au dessus du stade est aux couleurs du fair-play. Le vrai joueur de rugby, celui qui peut se prévaloir de cette belle identité, de cette belle culture, est déterminé pour gagner en protégeant le code et l'éthique sportive et en respectant l'adversaire et l'environnement sportif. Le rugby est un style de vie.

Dès son plus jeune âge, le joueur doit recevoir un message clair et net sur ces questions de sportivité, alors qu'il est particulièrement perméable à ce que lui enseignent les plus anciens. Dans le plus petit club, au plus faible niveau de compétition, ce message doit se trouver au cœur du discours lors de l'entraînement ou lors de la période d'avant match. La meute des gens du rugby doit savoir chasser les éventuels tricheurs. En rugby, le plaisir se sublime par l'esprit chevaleresque.

Si la volonté de tout joueur, entraîneur et législateur est d'aller réellement dans le sens d'un jeu qui privilégie la vie du ballon, donc le mouvement, il devient capital de ne pas négliger l'arbitrage qui s'impose en catalyseur de ce style de production. L'arbitre est d'ores et déjà un 31ème joueur dont la responsabilité est d'être au service du jeu, ce qui signifie de sa part une plus grande faculté d'interprétation des règles par rapport à la logique des effets d'opposition entre équipes. Seul son jugement par rapport à l'agressivité malsaine de certains joueurs doit rester ou devenir encore plus rigide. Il doit être brutal dans son jugement de la brutalité et il doit être soutenu par tous. Les joueurs, mieux protégés se concentreront davantage sur le jeu.

Le monde de l'entreprise connaît lui aussi ses tricheries et ses brutalités. Délit d'initiés, abus de bien social, espionnage économique etc... sont autant d'expressions qui deviennent usuelles non pas car elles concernent des pratiques de base dans la gestion des entreprises mais parce que leur évocation est liée au plus grand besoin de pureté de la part de l'ensemble de la société.

L'éthique, c'est la morale plus la générosité. Ce que l'on attend aujourd'hui des entreprises c'est à la fois d'insérer les jeunes et de créer des emplois, de développer et de commercialiser des produits et des services de qualité tout en respectant un impératif de fair-play alors que l'intensité de la compétition se renforce et que tous les concurrents internationaux ne suivent pas ces mêmes principes. La mise en place de règles de politique commerciale particulières à chaque entreprise, de codes de déontologie propres aux secteurs et de chartes du commerce international qui intègrent les questions d'émancipation et de progrès social pour les salariés des pays nouvellement industrialisés sont donc nécessaires. Tout comme l'est le développement de formations à l'éthique des affaires.

Toute stratégie basée sur la recherche de la victoire à tout prix ne dure qu'un temps. Un temps qui se réduit du fait de l'accroissement de la transparence des faits en nos sociétés médiatiques. L'important est de voir loin et de donner un sens à ses actes. Comme en rugby, la formation des acteurs et des futurs acteurs de l'entreprise doit être sans ambiguïté. Sans aller jusqu'à la recherche de l'idéal qui est le monde des philosophes, des théologiens et des artistes, le goût de l'éthique et l'esprit sportif devront être valorisés.

Gagner, c'est bien. Perdre glorieusement, c'est tolérable

– CHAPITRE XIII –

Nous sommes tous des internationaux

Bien sûr le rugby français est au plus haut niveau. Et les entreprises françaises savent innover et gagner sur les marchés mondiaux. C'est dans la fierté d'une appartenance que se construisent les plus beaux destins et s'ouvrent les meilleurs esprits. Ceux où nait le progrès et qui n'ont pas peur de leurs rêves et de leur ambition. Ceux aussi qui n'abandonnent toutefois jamais le principe de réalité.

A l'approche d'un millénaire nouveau, la société de communication nous offre une information toujours plus riche sur des évènements lointains et souvent masqués. Et comme les métissages sont toujours sources d'intelligence il ne faut jamais craindre d'écouter l'autre et de s'inspirer de ce qu'il fait de meilleur et de plus facilement intégrable.

Le temps est passé où il était possible d'analyser les particularismes internationaux avec des grilles de lecture qui faisaient la part belle aux blocs. Hier il existait en rugby un style de jeu en Europe, un autre dans les principales nations pratiquantes de l'hémisphère sud et d'autres, moins consistants, dans les pays émergents dans ce sport. Aujourd'hui, chaque nation, chaque club développe son propre style de jeu avec certes, plus ou moins d'innovations, mais avec une recherche d'identité certaine. Et comme personne n'est à l'abri d'une bonne idée apparue par surprise ou à la suite d'une réflexion organisée, il est devenu important pour une équipe ambitieuse d'être toujours en éveil, d'être en permanence une équipe « apprenante ».

Cette capacité d'écoute et d'observation pourrait se traduire de plusieurs manières par une Fédération, voire un comité, voire un club :

• la création d'Etats Généraux du Rugby qui permettraient l'expression des compétences les plus diverses et les plus cachées,

• la création d'une Direction de la « Veille sportive internationale » au sein de la Fédération et de cellules aux mêmes objectifs au sein des Comités,

• l'accueil de joueurs ou d'entraîneurs étrangers, au sein des clubs français, afin de faire connaissance avec leur savoir national ou micro local tout en leur permettant d'apprendre notre langue et de faire connaissance avec notre culture,

• l'expatriation temporaire des dirigeants, entraîneurs et joueurs français, en particulier dans les championnats étrangers qui sont à contre temps du nôtre, comme dans l'hémisphère sud,

• l'argent qui arrive progressivement dans le rugby pourrait permettre la constitution de bourses d'échanges internationaux ouvertes non seulement aux joueurs et entraineurs de haut niveau mais aussi aux jeunes les plus prometteurs,

• le jumelage entre clubs de différents pays,

• l'organisation de séminaires internationaux pour dirigeants et entraîneurs,

• le lancement par des entreprises mécènes de bourses de recherche internationales pour techniciens du rugby,

• la participation du rugby aux Jeux Olympiques,

• le lancement de nouvelles compétitions internationales telles Championnat d'Europe des Clubs, Championnat d'Europe des Provinces un peu sur le modèle du Super Ten de l'hémisphère sud, Coupe Intercontinentale...,

• la multiplication de tournois internationaux pour les équipes de jeunes, les équipes de rugby à sept ou à quinze,

• l'usage des vidéos et l'analyse des articles de presse et de publications sur les pratiques du rugby dans tel ou tel pays ; c'est ce qui est le moins cher.

• • •

Les idées les plus simples et les plus originales qui favorisent le développement de l'ouverture à l'international sont les bienvenues. En rugby comme en entreprise.

Si le monde économique et industriel a fait des progrès fulgurants dans ce domaine au cours des vingt dernières années — l'adaptation de nos entreprises étant à ce prix —, il lui reste encore beaucoup de chemin à parcourir. La formation des élites économiques, scientifiques et politiques n'est pas encore assez riche de dimension internationale. Le nombre d'étrangers à la tête des grands groupes français est encore voisin de zéro. Il est encore rare que les entreprises envoient les jeunes recrutés en formation de longue durée à l'étranger et peu fréquent qu'elles accueillent des stagiaires étrangers. Que le goût des cultures différentes se diffuse davantage dans les organisations !

Français, nous pouvons nous appuyer sur un passé glorieux pour avancer avec indépendance et puissance d'exemplarité. Qui voyage souvent sait combien le monde a besoin de France. Toujours plus d'humilité et de volonté de vaincre face aux meilleurs, toujours plus d'ouverture internationale, de sens des responsabilités dans le message proposé et d'écoute aux autres ne fera que renforcer la qualité de notre image. Celle de rugbyman ou d'entrepreneur.

Nous sommes tous des internationaux

– CHAPITRE XIV –

La concurrence n'est pas synonyme d'exclusion

Dans les différents sports comme dans les divers secteurs économiques et industriels, l'accroissement de l'intensité de la compétition est une vérité. Les raisons sont multiples : une attente accrue des publics sur le plan de la qualité des services et des spectacles en raison d'une offre déjà très abondante, d'une meilleure formation des individus et d'une disponibilité supérieure des moyens de communication et d'information à travers le monde. Pour progresser il faut désormais faire non seulement mieux que par le passé, mais à la fois mieux et différemment.

En rugby la compétition est une vérité. Il n'y a pas de possibilité de la fuir. Dans le monde de la production des biens et des services, la tentation de la contourner reste par contre forte alors qu'elle s'impose aussi comme une réalité. Pourquoi la fuir alors qu'elle gagne inexorablement du terrain ? Au contraire il semble indispensable d'aller la provoquer, si possible au contact des meilleurs, pour progresser. Naturellement les règles du jeu devront être respectées par les concurrents sous l'œil des autorités politiques et administratives.

La concurrence est saine si elle appelle au dépassement de soi et si elle permet l'amélioration de la qualité du service offert. Elle est une source de progrès qui trouve cependant ses limites dans la menace de l'exclusion. Goût pour la compétition et sens des responsabilités sociales caractérisent désormais la dimension humaniste de tous ceux qui sont dans l'action, quelle que soit leur responsabilité.

En rugby, à moins de comportements déviants graves, les risques d'exclusion du club sont nuls. La place dans l'équipe est liée au niveau de performance individuelle, à la capacité d'insertion dans un collectif et au fait qu'une équipe ne peut être composée que de 15 joueurs. Si, a priori, tout le monde a sa chance face à une procédure de sélection relativement saine, ce n'est pourtant pas une mince affaire pour un entraîneur de gérer l'effectif. La mise en concurrence des joueurs les uns par rapport aux autres sans qu'un seul d'entre eux ne se sente exclu du groupe représente une large part de la gestion sportive de l'équipe et psychologique des individus. La compréhension du potentiel de performance et des sources de plaisir de chacun, le sens de l'équité, le respect du droit à l'erreur et la ferme volonté de donner ou de redonner sa chance à tous sont assurément des qualités qui trouvent ainsi à s'employer.

En ce qui concerne l'entreprise, les problèmes liés à l'appartenance ou non à une collectivité se posent de façon plus dramatique. La gestion se trouve encore à un stade de développement proche de celui de la médecine du Moyen-Age. Lorsqu'une maladie survient, telle la baisse du chiffre d'affaires ou la chute des bénéfices, le licenciement est trop souvent utilisé pour soigner. Comme la saignée le fut.

Dans l'entreprise il y aura toujours des inégalités dans les compétences et les responsabilités, comme dans toute organisation humaine. Là n'est pas le problème, l'important est que chaque individu, chaque groupe, vise à dépasser ses résultats antérieurs et à améliorer sa capacité à insuffler de l'enthousiasme au sein de la collectivité. Cela passera par la définition d'un juste équilibre entre sécurité et risque, entre sentiment d'appartenance et menace de la concurrence.

Alors pourquoi la garantie de l'emploi, pratiquée par de nombreux grands groupes ne deviendrait-elle pas une règle de gestion de base pour permettre aux individus de se surpasser ? Cela faciliterait l'acceptation des changements, encouragerait la recherche d'une meilleure productivité et limiterait les comportements égocentriques et agressifs destinés à la défense de son emploi. Cela permettrait d'éviter que la ressource humaine soit considérée comme une variable économique froide ; elle est la richesse première des organisations. Le niveau atteint dans la garantie de l'emploi est un objectif pertinent qui ne pourra toutefois être envisageable qu'avec la capacité à plus facilement redéployer les salariés, à partager encore mieux le travail entre eux et à pouvoir viser une augmentation du chiffre d'affaires plus qu'une amélioration de la structure des coûts. En outre si cette idée permet de protéger les salariés, elle ne doit pas se traduire par un autre type d'exclusion qui concernerait ceux qui sont en dehors de l'entreprise et qui pourraient être condamnés à y rester.

Aux Jeunes à la recherche d'un premier emploi ou aux plus anciens en chômage de longue durée, il est plus que jamais nécessaire de proposer ou de redonner une place parmi les actifs. A défaut il faut les doter d'une employabilité plus grande, c'est à dire une capacité à être plus facilement recrutés ou associés. La cohésion sociale mérite cet investissement.

En rugby, ce n'est pas parce que l'on n'a pas sa place en équipe première que l'on est interdit d'entraînement ou exclu du club ; l'appartenance est protégée. Il appartient à l'entreprise d'utiliser ou de créer un maximum de types de liens avec ceux qui veulent la servir, tels contrats à durée indéterminée, d'intérim, à temps partiel, d'insertion ou conventions de stage, de partenariat, de co-traitance, de sous-traitance... Ensuite, et de la même manière qu'il est fréquent que les meilleurs joueurs du club s'occupent de l'entraînement des équipes de l'Ecole de rugby, les dirigeants et cadres des entreprises pourront accroître le temps passé à favoriser le développement personnel des plus jeunes, que ces derniers soient définitivement recrutés ou non ; le tutorat est un magnifique moyen d'intégration.

La performance collective ne peut se bâtir à long terme sur la base de l'exclusion. Le rugby peut enseigner à l'entreprise à la fois le goût de la concurrence entre individus et la capacité à insérer des juniors en équipe première. Et la compétence à forger chez les individus le sentiment d'appartenance à une collectivité, comme en club, à travers le temps.

La concurrence n'est pas synonyme d'exclusion

Dans le monde du rugby, il existe bien sûr une « société du vestiaire » et une « société hors vestiaire ». Seuls ceux qui appartiennent ou ont appartenu à la première connaissent cette atmosphère si particulière où l'odeur de camphre baigne les passions. Mais le rugby n'est pas un monde de ségrégation et d'exclusion. La fameuse 3ème mi-temps existe pour traduire la solidarité qui règne entre les rugbymen et leur proche environnement. Elle pourrait inspirer les femmes et les hommes de l'entreprise en les encourageant à célébrer aussi souvent que possible les succès, non seulement entre eux, mais en compagnie des partenaires, stagiaires, fournisseurs ou sous-traitants afin que le réseau de solidarité s'agrandisse.

La concurrence n'est pas synonyme d'exclusion

– CHAPITRE XV –

Et le French Flair ?

Si tous les goûts sont dans la nature, il n'est pas impossible qu'ils deviennent semblables. A en croire de nombreux spécialistes de l'économie et du marketing, les besoins des consommateurs se rapprochent plus qu'ils ne se différencient.

En rugby les principes d'avancée et de soutien sont intemporels. Pour l'entreprise, les principes d'innovation et de qualité des produits et des services adaptés aux attentes des consommateurs, des utilisateurs ou des usagers le sont aussi. Ce n'est pas une question de culture ni une question de nationalité, ce sont des vérités. Alors dans ce mouvement d'homogénéisation des valeurs et des comportements existe-t-il une possibilité de développer une identité personnelle ?

Le rugby à la française, que cela concerne les joueurs, les éducateurs ou les publics, et le management des entreprises à la française existent-ils ? Ou sont-ils le fruit d'un fantasme collectif ? Ou sont-ils un cocktail de techniques et de savoir venus d'ailleurs et plus ou moins bien mélangés ? Bref peut-on parler d'un French Flair en rugby comme en management ?

Le French Flair c'est peut-être un état d'esprit individuel bâti sur la solidarité et l'enthousiasme et qui autorise des actes imprévus par l'adversaire ou le concurrent mais facilement compréhensibles par les partenaires. C'est donc une culture collective. Sur un terrain de rugby comme en entreprise.

Le French Flair semble pouvoir être caractérisé par cinq sens qui ne sont pas l'odorat, la vue, l'ouïe, le toucher et le goût mais les sens de l'esthétique, de l'imagination, de l'éthique, de la citoyenneté et du panache :

• **le sens de l'esthétique** : un joueur de rugby qui aime le beau apportera toujours un plus. Chacun, et selon son goût, pourra apprécier la fluidité d'une passe sur un pas, l'entrée en mêlée d'une première ligne, le punch du plaquage d'un centre ; en rugby chaque spectateur peut trouver à s'émerveiller et chaque joueur devenir un artiste. Au sein d'une entreprise, que cela concerne le design des produits ou la décoration des bureaux, le logo ou l'architecture de l'usine, l'esthétique peut permettre de créer un avantage concurrentiel. Que les produits français soient déjà les plus beaux et le succès ne sera jamais loin !

• **le sens de l'imagination** : c'est une véritable tempête qui doit souffler dans les écoles de rugby et dans les entreprises en sa faveur. Il ne faut désormais plus faire mieux que par le passé mais faire différemment. Vive l'enthousiasme de la création ! Et parce que créer c'est facilement détruire et difficilement construire, des phases de désordre ne pourront être évitées. Plus le niveau s'élève et plus il est aisé de remarquer que celui qui est le gagnant final n'est plus celui qui sait gérer le succès et la plénitude mais celui qui sait gérer de la meilleure manière les moments de changements et de ruptures, et donc de doutes et d'inquiétudes. Que le désordre pousse à une exigence de capacité d'adaptation accrue et soit, par conséquent, vécu comme un signe de vie.

• **le sens de l'éthique** : gagner en trichant n'a jamais apporté autre chose qu'une satisfaction passagère et des remords durables. C'est dans un esprit sportif, voire chevaleresque, que les femmes et les hommes de l'entreprise, comme les joueurs de rugby, trouveront les plus belles contraintes qui feront naître les idées les plus généreuses et les plus efficaces sur le long terme. Alors que la jeunesse s'interroge sur son avenir, la première responsabilité des plus anciens n'est pas forcément de savoir les écouter mais plutôt de leur montrer l'exemple.

• **le sens de la citoyenneté** : l'entreprise et le rugby ne sont pas des mondes fermés mais des mondes ouverts sur des environnement multiples et sont en permanente osmose avec eux. Créateurs de richesses, que cela soit des emplois ou du spectacle, ils sont conscients de leur responsabilité sociale en ces temps difficiles. Tous les acteurs qui les servent, et quels que soient leurs niveaux de responsabilité, savent que leur comportement doit être riche d'un sens qui les rend à la fois forts et exemplaires.

• **le sens du panache** : à l'heure où la sphère financière et la spéculation dictent trop souvent leurs lois à l'ambition industrielle et à l'innovation sociale, alors que les dirigeants d'entreprise sont plus appréciés pour leurs capacités à améliorer la structure de coûts plutôt que pour leurs talents à développer l'activité, alors que les étudiants en gestion ne sont pas poussés à créer des richesses mais plutôt à les administrer n'est-il pas temps de remettre à l'honneur ce patrimoine si français que Cyrano de Bergerac sut si bien identifier et qui peut se résumer par l'allure fière et la bravoure.

Marquer un essai. Ce désir naît dans le rêve de tout enfant qui s'apprête à fouler la pelouse d'un terrain de rugby et ne le quittera jamais tant qu'il aimera serrer dans ses bras le ballon ovale. Créer un emploi. Cette volonté pourrait naître dans le caractère déjà forgé de toujours plus de professionnels de l'entreprise. Ces ambitions sont de même nature. Elles donnent un véritable sens au jeu et à l'économie. A la responsabilité.

Et le French Flair ?

BIBLIOGRAPHIE

BIBLIOGRAPHIE RAPIDE

Sport et rugby

BODIS J.P., *L'histoire mondiale du rugby*, Bibliothèque Privat
CONQUET P. et DEVALUEZ J., *Les fondamentaux du rugby*, Vigot
DELEPLACE R., *Rugby de mouvement, rugby total*, EPS
DRUET M.F., *Mémoire*, INSEP
MEIRIEU P., *Apprendre, oui...mais comment ?*, ESF
MUSASHI M., *Le traité des cinq roues*, Albin Michel
VILLEPREUX P., *Le rugby*, Denoël
VILLEPREUX P., *Formation au rugby de mouvement*, Cepaduef

Stratégie, hommes et entreprises

BENNIS W. & NANUS D., *Secrets des meilleurs leaders*, InterEditions
CROZIER M., *L'entreprise à l'écoute*, InterEditions
JOFFRE P. & KOENIG G., *Stratégie d'entreprise*, Economica
KOTLER P., *Le leadership*, InterEditions
MARTINET A. Ch., *Stratégie*, Vuibert
MIDLER C., *L'auto qui n'existait pas*, InterEditions
OHMAE K., *Le génie du stratège*, Dunod
PORTER M., *L'avantage concurrentiel*, InterEditions
ROBERT M. et DEVAUX M., *Penser stratégie*, Dunod
SCHMIDHEINY S., *Changer de cap*, Dunod
GUILLAUME M., *L'entreprise en compétition*,

REMERCIEMENTS

REMERCIEMENTS

Les auteurs tiennent à remercier :

• Sylvie BESSOUET, Frédéric BARDOU, Thierry DELECROIX, Henri FABRE, David HOUG, Denis LAFON, Michel MEDINA, Laurent PEYSALE, Thierry ROQUES et Philippe VEDERE pour l'attention dont ils ont fait preuve dans la lecture critique de la maquette de cet ouvrage et pour leurs judicieuses remarques,

• *l'équipe de secrétariat de la Direction de la Communication de BASF France, composée de Christa CLAIRSIN, Véronique CASTEL et Marie-Françoise GEORGES, pour son efficace collaboration,*

• *le Groupe EURO RSCG et en particulier François HUARD et Marie Joëlle THIBAULT pour leur déterminante intervention auprès du monde de l'édition et des médias.*

TABLE DES MATIÈRES

Passes croisées

OFFRES SPECIALES

Ce livre qui est vendu en librairie et dans les grands magasins peut être également diffusé aux entreprises, aux établissements d'enseignement et clubs de rugby.

Contact :

Editions

Les Presses du Management
Siège Social : 103 Boulevard Murat — 75016 Paris
Service Commercial : 7 rue de Malte
75011 Paris
Tél : 40 21 67 59
Fax : 48 05 71 51

Enfin, les auteurs se tiennent à la disposition des décideurs qui souhaiteraient poursuivre la réflexion et engager le dialogue sur les thèmes abordés dans cet ouvrage.

Contact :

Groupe IGS
25, rue François 1er
75008 Paris
Tél. : (1) 53 67 84 00
Fax : (1) 40 70 10 74

Photocomposition Nord Compo, Villeneuve d'Ascq

Impression réalisée sur CAMERON par
BRODARD ET TAUPIN
La Flèche

pour le compte des Presses du Management
en juillet 1995

Imprimé en France
Dépôt légal : août 1995
N° d'impression : 1587M-5
ISBN : 2-87845-252-6

50-3673-6